Inhalt

Regulierung des Derivatemarktes - Auswirkungen auf das Risikomanagement deutscher Unternehmen

Kernthesen

Beitrag

Fallbeispiele

Weiterführende Literatur

Impressum

Regulierung des Derivatemarktes - Auswirkungen auf das Risikomanagement deutscher Unternehmen

Gerhard Dengl

Kernthesen

- Die Regulierung des Derivatemarktes, zum Beispiel durch EMIR, ist eine Reaktion der Aufsichtsbehörden auf die durch die Finanzkrise offensichtlich gewordene Bedrohung, die von einem intransparenten Derivatemarkt ausgeht.
- Grundpfeiler der Regulierung ist die Anforderung, dass standardisierte OTC-Derivate zukünftig über zentrale

Gegenparteien abzuwickeln sind.
- Die Regulierung betrifft alle Teilnehmer des Derivatemarktes, das heißt Banken und Unternehmen. Beide müssen das Risiko- und Sicherheitenmanagement stark ausbauen, um die höheren Anforderungen zu erfüllen.
- Unternehmen können ihre Meldepflichten operativ an Banken delegieren, was dort zu neuen Ertragsmöglichkeiten führt.

Beitrag

EU-Verordnung zur Regulierung des OTC-Derivatemarktes

Für viele deutsche Unternehmen ist es angesichts der internationalen Verflechtung von zentraler Bedeutung, sich mit Hilfe von OTC-Derivaten gegen Wechselkursänderungs-, Zinsänderungs- sowie Rohstoffpreisänderungsrisiken abzusichern. Derzeit wird ein Großteil der derivativen Finanzinstrumente außerhalb von zugelassenen Börsen, das heißt Over-the-Counter (OTC), abgeschlossen. Mit der EMIR-Verordnung ("EU-Verordnung über OTC-Derivate, zentrale Gegenparteien und Transaktionsregister"), die derzeit ausgearbeitet wird, reagiert die EU auf die Finanzkrise und etabliert eine stärkere Regulierung des OTC-Derivatemarktes. Der Grundpfeiler der Verordnung ist, dass Derivategeschäfte künftig nicht mehr bilateral zwischen zwei Handelspartnern abgewickelt werden, sondern über einen zentralen Kontrahenten, dem auch entsprechende Sicherheiten zu stellen sind. Hätte es eine derartige Regelung bereits gegeben, als Lehman Brothers zusammenbrach, dann hätte der zentrale Kontrahent alle Schäden, die damals AIG entstanden sind, übernommen, und AIG hätte nicht mit Steuergeldern gerettet werden müssen. EMIR richtet sich an alle Teilnehmer des OTC-Derivatemarktes. Die Regulierung schreibt allen Marktteilnehmern vor, ihre Derivatepositionen an ein zentrales Transaktionsregister zu melden und erhöht allgemein die Anforderungen an das Risiko- und Sicherheitenmanagement. In Deutschland wird das zentrale Transaktionsregister wahrscheinlich von der BaFin ("Bundesanstalt für Finanzdienstleistungsaufsicht") geführt werden. (2), (5), (10)

Regelungsbereiche von EMIR

EMIR enthält im Wesentlichen Regelungen für folgende vier Bereiche:

Reportingpflichten: Alle Teilnehmer an OTC-Derivatekontrakten sind verpflichtet, Einzelheiten ihrer Derivatekontrakte an ein Transaktionsregister zu melden. Dabei kann das Unternehmen die Meldepflicht an eine finanzielle Gegenpartei (zum Beispiel an ein Kreditinstitut) übertragen.

Anforderungen an das Risikomanagement: Für OTC-Derivate, die nicht über zentrale Kontrahenten abgewickelt werden, steigen die Anforderungen an das Risikomanagement. Einer der Knackpunkte: Bei Abschluss eines OTC-Derivates sind die Konditionen zeitnah und auf elektronischem Weg zu bestätigen.

Management von Sicherheiten: Die speziellen Anforderungen an das Sicherheiten-Management betreffen nur diejenigen OTC-Kontrakte, die nicht über einen zentralen Kontrahenten abgewickelt werden. Es kommt für die Unternehmen darauf an, dass ein rechtzeitiger und angemessener Austausch von Sicherheiten gewährleistet ist und die erhaltenen Sicherheiten angemessen vom eigenen Vermögen getrennt gehalten werden.

Clearingpflicht: Während die anderen drei Regelungsbereiche für alle Unternehmen relevant sind, ist das Clearing über einen zentralen Kontrahenten ausschließlich für Unternehmen relevant, deren Derivate-Volumina bestimmte Schwellenwerte überschreiten. (7), (8), (9)

Trends

Direkte Kosten aus der Derivateregulierung

Aufgrund der Regulierung ergibt sich eine Reihe von Mehrkosten für die betroffenen Unternehmen. Zum einen unterliegt das Risikomanagement zukünftig der Prüfungspflicht. Das bedeutet zunächst Investitionen in den Ausbau des Risikomanagements wie auch die Bestellung der Wirtschaftsprüfer. Zum anderen müssen nun erst die technischen und prozessualen Voraussetzungen geschaffen werden, damit die Meldepflichten eingehalten werden können. Im Rahmen der Meldung sind regelmäßig spezifische Informationen über die abgeschlossenen OTC-Derivate an das Transaktionsregister elektronisch zu übermitteln. Größtenteils ist die hierfür benötigte technische Infrastruktur bei den Unternehmen noch nicht vorhanden. Die Möglichkeit der Delegierung der Meldung an eine Bank erfordert eine frühzeitige Analyse und gegebenenfalls eine Überarbeitung der abgeschlossenen Rahmenverträge. (4)

Indirekte Kosten: Zahlen

Unternehmen die Zeche für die Bankenregulierung?

Viele Regulierungsvorhaben, so auch EMIR, zielen hauptsächlich darauf ab, das Geschäft der Banken zu regulieren. Um kleinere Unternehmen aber nicht übermäßig zu belasten, wurden in EMIR Schwellenwerte eingeführt, ab denen erst verschärfte Regelungen gelten. Genau diese Erleichterungen, so Branchenkenner, werden aber durch andere Regulierungen, insbesondere MiFID II ("Markets in Financial Instruments Directive") sowie CRD IV ("Capital Requirements Directive") konterkariert. Entweder gelten dort andere Schwellenwerte, oder den Banken werden höhere Kosten verordnet, die sie vermutlich an ihre Kunden, das heißt auch Derivate-Gegenparteien, weitergeben werden. Unter der aktuellen Regulierungswelle, die vor allem die Banken treffen soll, werden mehr und mehr auch normale Unternehmen zu leiden haben. (1)

Fallbeispiele

BayernLB wird Clearing-Broker

Die BayernLB nutzt als die erste Landesbank neue

Ertragsmöglichkeiten, die sich aufgrund der Derivateregulierung für Banken ergeben und bietet Kunden ab sofort an, Zinsderivate über die zentrale Gegenpartei LCH.Clearnet in London abwickeln zu lassen. Unternehmen, die aufgrund von EMIR der Clearingpflicht unterliegen, können diese nun an die BayernLB delegieren. Die BayernLB baut ihr Angebot rund um das Clearing jetzt schon aus, weil EMIR vorsieht, dass bestimmte Marktteilnehmer standardisierte außerbörsliche Derivate bald über zentrale Gegenparteien wie die LCH verrechnen lassen müssen. (3)

Weltgrößter Wertpapierverwahrer BNY Mellon wittert neue Einnahmequellen in Deutschland

Dank regulatorischer Bemühungen wie EMIR und MiFID II rechnet die US-Bank mit einem überproportionalen Wachstum für ihr Angebot des Managements von Sicherheiten ("Collateral Management"). Immer dann, wenn OTC-Kontrakte über zentrale Gegenparteien abgewickelt werden (müssen), bedeutet dies zwangsläufig, dass die Nachfrage nach Sicherheiten für diese Geschäfte steigen wird. (6)

Weiterführende Literatur

(1) Knapp daneben / Die Bankenregulierung trifft auch die Realwirtschaft
aus FINANCE - Der Markt für Unternehmen und Finanzen Heft Dezember vom 07.12.2012, Seite 8

(2) Clearingpflicht für Derivate startet "erst Ende 2013" ESMA-Chef: Regeln verzögern sich - EZB erwartet Verspätung bei Liquiditätsquote
aus Börsen-Zeitung, 15.12.2012, Nummer 243, Seite 1

(3) BayernLB wird Clearing-Broker
aus Börsen-Zeitung, 20.12.2012, Nummer 246, Seite 4

(4) Bonus für Schäuble
aus WirtschaftsWoche NR. 004 vom 21.01.2013 Seite 088

(5) Derivateregeln drohen Ergebnisse zu verzerren Mit dem Transfer auf Zentrale Gegenparteien sind Absicherungsgeschäfte neu zu bilanzieren - US-Banken genießen Ausnahme
aus Börsen-Zeitung, 23.01.2013, Nummer 15, Seite 3

(6) BNY Mellon wittert zusätzliches Geschäft Regulatorischer Rückenwind für das Sicherheitenmanagement - Überproportionales Wachstum in Deutschland und weltweit erwartet
aus Börsen-Zeitung, 29.01.2013, Nummer 19, Seite 2

(7) Im Derivatemarkt beginnt eine Umbruchphase Die

OTC-Regulierung, eine Krisenbewältigung mit Haken
- Praktiken im Wertpapierleihegeschäft werden
zunehmend aggressiver
aus Börsen-Zeitung, 26.01.2013, Nummer 18, Seite 13

(8) Neue Risiken im Finanzsystem
aus FINANCE - Der Markt für Unternehmen und
Finanzen Heft Februar/März vom 01.02.2013, Seite 22

(9) Faber warnt vor Regulierungsfehlern AR-Chef der
Börse kritisiert Verschiebung von Emir
aus Börsen-Zeitung, 23.01.2013, Nummer 15, Seite 4

(10) Die Sparpläne der Deutschen Börse sind ein
schlechtes Omen
aus Börsen-Zeitung, 29.01.2013, Nummer 19, Seite 6

Impressum

Regulierung des Derivatemarktes - Auswirkungen auf das Risikomanagement deutscher Unternehmen

Bibliografische Information der deutschen Nationalbibliothek

Die Deutsche Nationalbibliothek verzeichnet diese Publikation in der deutschen Nationalbibliografie; detaillierte bibliografische Daten sind im Internet über http://dnb.d-nb.de abrufbar.

ISBN: 978-3-7379-0528-2

© 2015 GBI-Genios Deutsche Wirtschaftsdatenbank GmbH, Freischützstraße 96, 81927 München, www.genios.de

Alle Rechte vorbehalten. Dieses Werk ist einschließlich aller seiner Teile – z.B. Texte, Tabellen und Grafiken - urheberrechtlich geschützt. Jede Verwertung außerhalb der Grenzen des Urheberrechtsgesetzes bedarf der vorherigen Zustimmung des Verlags. Dies gilt insbesondere auch für auszugsweise Nachdrucke, fotomechanische Vervielfältigungen (Fotokopie/Mikroskopie), Übersetzungen, Auswertungen durch Datenbanken oder ähnliche Einrichtungen und die Einspeicherung und Verarbeitung in elektronischen Systemen.